Inhalt

Bibliografische Information der Deutschen Nationalbibliothek:
Die Deutsche Nationalbibliothek verzeichnet diese Publikation
in der Deutschen Nationalbibliografie; detaillierte bibliografische Daten sind im Internet über http.//dnb.dnb.de abrufbar

© 2014 Runhild Zieglschmid
Herstellung und Verlag
BoD - Books on Demand, Norderstedt

ISBN: 978-3-7386-0798-7

Kurzes Vorwort

Dieses Buch beschreibt die Gegebenheiten, wie sie sich für mich darstellten, in einer Welt, in der wir alle noch lernen dürfen.

Ich danke Martina und Kristina, die selbstlos den Rotstift anlegten, um das Buch von Formfehlern zu befreien. Dankbar bin ich für die Begegnungen mit all den Menschen, die in diesem Buch vorkommen. Ohne sie gäbe es dieses Erstlingswerk nicht.

Die Ankunft und erste gemeinsame Zeit

Es gewitterte und war mitten in der Nacht, wobei ich kaum noch Gefühl für Zeit und Raum hatte. Seit mehreren Stunden lag ich jetzt schon in den Wehen, eine Erstgebärende. Die Atmosphäre in der Klinik war angenehm, es waren sehr nette Hebammen um mich herum. Ich habe mit meinen inzwischen drei Kindern ausnahmslos nette Hebammen kennengelernt. Es donnerte und krachte, und synchron zum Grollen des Gewitters braute sich auch in meinem Unterleib wieder eine Wehe zusammen, um mit ihrer ganzen Urkraft mein Kind ans Licht der Welt zu befördern.

Als ich es später, nach weiteren quälenden und dennoch berauschenden Stunden der Geburt, mit Hilfe eines Kaiserschnittes in meinen Händen hielt, wusste ich, weshalb als Hintergrundmusik der Geburt meines Sohnes nur das tiefe und durchdringende Donnern der Natur in Frage kam: Ich hatte eine sehr starke Persönlichkeit geboren. Eine Zornesfalte verlief quer über seine kleine Stirn, und sein Blick und Mimik ließen uns wissen, dass er eigentlich schon ziemlich sauer darüber war, so unliebsam aus seinem vertrauten Heim gerissen worden zu sein. Seine Augen schienen zu sagen: Was bitte soll ich *hier* denn? Im Stillzimmer der Klinik war ich etwas peinlich berührt, wenn sich andere Mütter sorgenvoll über die Gewichtszunahme ihrer zarten Nachkommenschaft unterhielten. Das war nicht unser Thema. Irgendwie hatte mein Junge direkt mal das Stadium „Neugeborenes" ausgelassen. Nun, das war aber auch alles im Grunde ziemlich zweitrangig, denn ich liebte ihn heiß und innig und im Quadrat. Mutterliebe als eines der stärksten Bande zwischen zwei Personen. Ich durfte sie spüren: Wundervoll, himmlisch, berauschend! Die Frage in die Runde meiner Verwandtschaft, dass sie mir ruhig sagen könnten, wenn sie ihn hässlich fänden, war natürlich auch wirklich nur rhetorisch gemeint! Da war er! Ein echtes Prachtkerlchen!

Die anstrengende Geburt und meine Unerfahrenheit, Selbstheilung zu aktivieren, ließen mich kurz nach der Geburt erneut in einer anderen Klinik landen: Der Stress hatte sich auf das Stillen ausgewirkt und insbesondere auf meine Brust entladen, und so bekam ich eine Mastitis (Brustentzündung). Ich erinnere mich, dass ich mir dort vorgenommen habe, in alle Ewigkeiten körperlich gesund zu bleiben, jeglichen die Alterung fördernden Zivilisationskrankheiten noch entschiedener entgegen zu wirken, um in so einem Krankenhaus nicht allzu viel Zeit meines kostbaren Lebens verbringen zu müssen. Es macht meist seinem Namen alle Ehre, denn so richtig gesund wird man dort nicht. Mit etwas Glück und Verstand begreift man das sehr schnell und geht möglichst schnell zum Gesundhaus zurück, womit ich das vertraute, liebevolle, kuschelige Zuhause meine. Sicherlich ist es meiner sensiblen Ader zuzuschreiben, dass ich viel freundliche Zuwendung benötige, insbesondere wenn es mir nicht gut geht. Dieses Ausgeliefertsein an ein Krankenhauspersonal und die Abgabe meiner Selbstbestimmung ist einfach nicht meins. Auffallend auch der Unterschied zu einer sehr zuvorkommenden und freundlichen Behandlung auf einer Entbindungsstation, verglichen mit einem regulären Krankenhaus, in dem man eben meist nur so eine Nummer ist.

Übung, um insbesondere nach einer Geburt das eigene Energiefeld wieder zu stärken

Sorgen Sie unbedingt dafür, nach der Geburt himmlische Ruhe zu erfahren. Lassen Sie nun jegliche Anspannung los und hüllen Sie sich gedanklich in einen flauschigen, am besten mit weißen Federn bedeckten, kuscheligen weißen Mantel ein. Bitten Sie nun darum, dass Ihr Körper regeneriert und geheilt wird und die göttliche Ordnung hergestellt wird. Bitten Sie außerdem darum, dass auch die Aura regeneriert, geheilt und wieder kompakt wird und ihre natürliche Schwingung wieder hergestellt wird. Anschließend bedanken Sie sich.

Endlich zu Hause, erlebte ich das Paradies auf Erden. Das bestand für mich darin, mit meinem Kind zu Hause sein zu dürfen, das Haus nicht zu Berufszwecken verlassen zu müssen und mich nur um diesen kleinen Säugling zu kümmern.

Der Grund, weshalb ich mit meinen Erzählungen bereits vor der Schwangerschaft einsetzen werde, ist, dass die Seele meines Kindes bereits vor der Empfängnis um mich herum war, mich beobachtet hat. Er hat alles mitbekommen und sicherlich darüber geschmunzelt und sich gewundert, was ich mit mir habe machen lassen. Das sollte nach seiner Ankunft anders werden. Hier ein kleiner Einblick in mein Leben vor seiner Ankunft, um deutlich zu machen, dass ich zuvor ein Mensch gewesen war, der sich viel gefallen lassen hatte. Es lag gerade eine sehr anstrengende Zeit, das Referendariat für Lehrer, hinter mir, das Anfang Mai endete. Ende Juni kam mein Kind zur Welt. Es muss einmal ausgesprochen werden, dass diese Lehrerausbildung ein Sprung in das kalte Wasser ist. In der ganzen universitären Ausbildung (vier bis fünf Jahre) hatten wir es nicht mit Kindern bzw. Jugendlichen zu tun und nun hatten wir nach kürzester Zeit eigenverantwortlichen Unterricht zu geben. Im Nachhinein ist mir klar, dass ich als hochsensible Person einen besonders steilen Einstieg hatte. Während andere direkt über die Köpfe der Jugendlichen hinweg ihren Unterrichtsstoff durchzogen, funktionierte ich so, dass ich tatsächlich erst einmal mit all den unterschiedlichen Persönlichkeiten einer Schulklasse in einer gewissen Form Kontakt aufnahm. Ich bin tief in die Schulklassen eingetaucht. Eben ein typischer Indigomensch.

Nachdem ich also nach etwa einem halben Jahr damit klar kam, so viele unterschiedliche Energien delegieren zu dürfen und meiner Position als Lehrerin langsam gerecht wurde, hatten viele meiner Mitreferendare über den kognitiven Weg bereits gute bzw. die geforderten Erfolge erzielt. Ich legte dann also auch mal los, mein Hauptaugenmerk auf die Unterrichtsplanung zu richten und stellte fest, dass ich tatsächlich ganz anders funktionierte. Wie sollte ich meinem recht verkopften Fachleiter damals erklären, dass ich intuitiv und mit viel Gefühl für die Stimmung in einer Klasse unterrichtete, die ich ja nun ein halbes Jahr lang emotional genauestens studiert hatte? Ehrlich gesagt, war es aussichtslos, denn meine Entwürfe, die detaillierte Planung für den Unterricht, entsprachen in seinen Augen nicht so recht den Anforderungen. Der Unterricht war zwar interessant und spannend, zumindest aus Perspektive der Schüler und der Fachleiter musste häufig beipflichten, aber da der Entwurf in seinen Augen häufig eine „Nullnummer" war, musste das natürlich konsequenterweise Auswirkungen auf den Unterricht haben, der dann nach Strich und Faden zerredet wurde, bis ich mir vorkam wie die dümmste Lehrerin des Erdballs.

Ratschlag, um mit Menschen umzugehen, die weniger intuitiv und herzorientiert leben

Versuchen Sie bitte nicht, den Forderungen von Menschen nachzukommen, wenn diese nicht Ihrem eigenen herzorientierten Verständnis einer Situation entsprechen. Das erfordert Mut, ist schlussendlich jedoch für alle Beteiligten das Beste. Eine deutliche Ansage hat schon einige Menschen wieder zurück in ihr Herz gebracht!

Ich wurde stark mit meinem Ego konfrontiert. Wenn da nicht andererseits der fröhliche und wertschätzende Zuspruch der Schüler gewesen wäre, hätte ich meine Koffer gepackt!

Leider hat mein Ausbilder mich auch einmal in hochschwangerem Zustand zusammengeschrien, also mich und mein heranwachsendes Kind. Welche Angst, die mich durchfuhr, es nicht zu schaffen, keinen Arbeitsplatz zu bekommen, muss mein Baby damals schon gespürt haben!

Es hat mich auf alle Fälle gleichzeitig sehr gestärkt, diese Situation verkraftet zu haben. Wenn es mir gut ging oder ich aufgeregt war, fand immer einiges an Bewegung in meinem Bauch statt. In angespannten Situationen war er meist sehr ruhig.

Übung, um sich vor verbalen Übergriffen zu schützen

Wenn Sie jemand beabsichtigt anzuschreien, bitten Sie sofort Erzengel Michael darum, Sie zu beschützen. Unterstützen Sie den Vorgang, indem Sie sich in eine sehr kompakte königsblaue Schutzschicht einigeln. Wenn es Ihnen gelingt, antworten Sie mit aller Gelassenheit auf die Anschuldigungen oder sagen einfach nichts.

Später, als ich mir bereits meiner eigenen „magischen" Kräfte bewusst war, hat mich noch einmal ein Vorgesetzter angeschrien. Dies war seitens meiner Seele eine Prüfung, ob ich meine Lektion gelernt habe. Ich leuchtete so blau, dass er dies sogar irgendwie wahr genommen hat. Das merkte ich an seinem erstaunten Augenausdruck. Als er fertig war, konnte ich sehr ruhig und gelassen auf seine Vorwürfe antworten.

Ich sprach während der Schwangerschaft viel mit meinem Kind: Über alles Mögliche, z.B. was ich gerade vorhatte, was mir Freude bereitete und was mich nervte. Es war ein geduldiger und liebevoller Zuhörer. Auch eine Spieluhrmaus legte ich mir regelmäßig auf den Bauch, um ihn ein bisschen musikalisch zu unterhalten. Als Baby hat er sie dann gerne mal weggeschleudert, vielleicht war es doch nicht so sein Musikgeschmack.

Vielleicht sind Sie gerade in der Situation, dass Sie sich ein Kind wünschen, oder Sie sind bereits schwanger und haben Gesprächsbedarf: Dann nehmen Sie sich ein leeres Büchlein und beginnen schreibend ein Gespräch, indem Sie Ihr Kind so begrüßen, wie Sie es mit einem sehr geliebten Menschen tun würden. Bemühen Sie sich, in einer sehr liebevollen Grundstimmung zu sein, und fühlen Sie sich hinein, wie Ihr Kind ist. Schreiben Sie alles auf. Vielleicht antwortet es, indem es Sie umarmt, Ihnen einen Kuss gibt oder ein schönes Gefühl. Notieren Sie das und machen Sie sich langsam vertraut mit diesem Wesen. Schaffen Sie ein vertrautes Verhältnis. Wenn dies gelingt, kann es nach und nach möglich sein, Fragen an das Kind zu stellen. Stellen Sie sich darauf ein, dass es Ihnen die Antwort vielleicht über ein Gefühl ins Herz vermitteln wird, vielleicht tauchen auch Bilder auf. Achten Sie darauf, wirklich alles zu notieren, und es wird sich eine wundervolle Kommunikation zwischen Ihnen beiden entwickeln. Später sind sicherlich auch Fragen wie: "Weshalb kommst du noch nicht?" möglich, falls das Kind noch nicht inkarnieren mag.

Jetzt war das Ganze vorbei: Ich hatte diese Ausbildung mit der Unterstützung meines damaligen Mannes, meiner Familie, vieler lieber Mitreferendare, weiterer freundlicher Ausbilder und Freunde vollbracht. Eine andere sehr liebevolle Ausbilderin attestierte mir, dass Leute wie ich dringend an die Schulen müssten. Das machte mir Mut!

Als ich das erste Mal die Räumlichkeiten der liebevoll eingerichteten, sehr femininen Geburtsvorbereitung betrat, liefen mir die Tränen. Es waren Tränen der Erleichterung und Rührung. Genau hier gehörte ich hin, wo Ruhe, Entspannung und Ausgeglichenheit herrschte. Um jede Schwangere gehört eigentlich eine gläserne Käseglocke, unter der sie geschützt und entspannt sein darf. Ich erinnere mich noch gut an den Satz der Hebamme, dass Anspannung und Entspannung gleichwertige Gegenspieler im Leben sind. Die Aussage hat meine vollste Zustimmung, aber noch scheint ein Teil unserer Gesellschaft darauf getrimmt zu sein, bis zum „Burnout" zu schuften und andere mit in diesen Wahn zu ziehen. Da hilft wirklich nur Abgrenzung und die Leute in Ruhe und sicherer Distanz dabei beobachten, wie sie sich selbst zu Grunde wirtschaften oder doch rechtzeitig den Absprung schaffen. Dies wünsche ich ihnen!

In der Schwangerschaft ist es sehr ratsam, die göttliche Ordnung in sich stabil zu halten bzw. zu stabilisieren. Damit ist die Ordnung der Farben der einzelnen Chakren gemeint. Vom Kronen zum Wurzelchakra: Lila, dunkelblau, blau, grün, gelb, orange und rot.

Nehmen Sie sich Zeit und füllen Sie in Gedanken die einzelnen Körperbereiche mit diesen Farben frisch auf, tanken Sie diese Lichtenergie täglich während einer kleinen Meditation.

Nun lag es endlich in meinen Armen, dieses heiß ersehnte Kind!

Nach dem Kaiserschnitt hatte es sein Vater in Empfang nehmen dürfen. Dieser war seiner neuen Rolle als Vater abrupt bewusst geworden und sang ihm erst einmal "La cucaracha" (Die kleine Kakerlake) vor. Bevor ich schwanger wurde, habe ich tatsächlich in jeden Kinderwagen geschaut. Ich konnte es wirklich kaum noch erwarten. Ein Jahr lang waren unsere Bemühungen im wahrsten Sinne des Wortes fruchtlos geblieben, bis dann bei einem Kurzurlaub dieser sich potentiell rot färbende Streifen des Schwangerschaftstests Farbe annahm. Ich war so überglücklich. Tatsache ist auch, dass ich auf der Rückreise einen ganzen Aal alleine verputzte. So war es denn auch am Ende der Schwangerschaft nicht verwunderlich, dass ich sehr unbeweglich wurde. Eines Tages war ich in Hannover unterwegs, fiel irgendwie um und kam nicht mehr auf meine Beine. Ich lag dort wirklich wie ein Käfer, bis mir wieder hoch geholfen wurde. Auch das war eine sehr heilsame Erfahrung, die mir als begeisterte Sportlerin klar machte, wie es Menschen mit Behinderungen und eben auch älteren Menschen ergehen muss, wenn der Geist zwar hellwach ist, aber der Körper einfach nicht mehr mitmacht! Meine Mitreferendare - ich war in einer sehr tollen Gruppe, zu der ich bis heute Kontakt habe - freuten sich sehr, wobei die meisten ganz andere Lebensziele verfolgten. Das Timing war allerdings perfekt, die letzte Etappe meiner Ausbildung konnte schwanger beendet werden. So sollte es denn wohl sein, so entsprach es meinem Seelenplan.

Diese erste Zeit mit meinem Kind war ein Geschenk des Himmels, wobei ich gar nicht mehr zwischen Tag und Nacht so richtig unterscheiden konnte. Mein Zeitgefühl schwand langsam, da unser Lebensrhythmus nun durch Essensaufnahme und Windelwechseln bestimmt war. Die Tage flogen nur so dahin, und ich genoss die Zweisamkeit in vollen Zügen. Wie oft stand ich an seiner kleinen Wiege und schaute ihn stundenlang an. Was gab es da solange zu schauen? Keine Ahnung, es machte einfach Spaß! Davon können alle Mütter und Väter ein Lied singen, denn so ein Säugling ist einfach ein Wunder. Allein schon zu beobachten, wie sie langsam wahrnehmen, was sie alles besitzen (Hände, Mund, Füße...), und was sie damit alles machen können. Man kann förmlich beobachten, wie mehr und mehr neuronale Verknüpfungen entstehen, um dieses Wunder von Körper mit dem innewohnenden Geist in Verbindung zu bringen. Welch heilsame Ruhe ging von ihm aus, wenn er stundenlang die sich bewegenden Blätter eines Baumes beobachtete und sich darüber freute!

Ratschlag, um sich mit der heilsamen Energie seines Kindes zu verbinden und seine Schwingung zu erfassen

Kinder sind gerade nach der Geburt Quell einer sehr reinen und göttlichen Energie. Nicht zufällig ziehen sie die ganze Verwandtschaft aus den entferntesten Regionen an. Werden Sie sich dessen bewusst. Je mehr Sie dem Kind erlauben, nun erst einmal den Ton anzugeben und sich seinem Rhythmus anpassen, desto mehr werden Sie merken, dass auch Sie in eine warme, beständige innere Ruhe kommen. Sie schwingen auf seiner Ebene. Lassen Sie es passieren und lassen Sie Telefon, Handy, Terminkalender einfach mal außen vor! Wer kommen soll, wird sowieso irgendwann vor der Tür stehen.

Dass dieses kleine Wesen aber mehr konnte, als sich langsam an seinen mitgelieferten Körper zu gewöhnen, sollte ich bald kennenlernen. Eines Tages, er war nun ein paar Monate alt, badete ich ihn mal wieder, und mir ging so ganz beiläufig der Gedanke durch den Kopf, wie unglaublich hilflos so ein Säugling doch ist. Er würde untergehen, wenn ich ihn mit meinen Händen nicht festhalten würde. In diesem Augenblick drehte er mir ruckartig seinen kleinen Kopf zu und schaute mich mit derart erschrockenen, durchdringenden ängstlichen Augen an, dass mir schlagartig bewusst wurde, dass er diesen Gedanken irgendwie erfasst haben musste. Ich selbst war wie vom Blitz gerührt. Konnte er denn meine Gedanken lesen? Als ich ihm dann wiederum über meine Gedanken mitteilte, dass es halt nur ein plötzlicher Gedanke war, entspannte sich sein Gesichtsausdruck wieder. Dieses Erlebnis vergaß ich nicht und hütete mich fortan, derartiges zu denken. Ich wollte ihn nie wieder so erschrecken!

Ratschlag zum Umgang mit Gedanken und Gefühlen

Seien Sie sich gewiss, dass Ihr Kind ihre Gedanken und Gefühle wahrnehmen kann. Vielleicht nicht immer im Wortlaut, aber sicherlich die Energie, die damit verbunden ist. Besonders Angstenergie ist für hochsensible Kinder etwas sehr Ungewohntes. Sie reagieren darauf sehr unterschiedlich. Es kann sein, dass sie plötzlich sehr überdreht wirken, sich sehr verschließen oder auch aggressiv werden. Stellen Sie sich Ihren Ängsten und übertragen Sie diese nicht auf Ihr Kind!

Andererseits kann es auch passieren, dass ältere Kristallkinder Ihre Gedanken im Wortlaut aussprechen. Manchmal tun diese Kinder das, ohne darauf hinzuweisen, dass dies Ihre Gedanken sind. Ihr Kind ist also Ihr Sprachrohr, und da Sie das Vorbild sind, übernehmen diese Kinder Ihre Einstellungen zunächst einmal. Achten Sie also sehr auf Ihre Gedanken und erklären Sie Ihrem Kind Ihr Denken, falls es Sie mal wieder auf diese Weise auf Ihre Denkmuster aufmerksam macht. Es möchte wissen, weshalb Sie so denken. Vielleicht nutzen Sie dann auch gleich die Gelegenheit, sich mal wieder von eingefahrenen Denkstrukturen zu befreien.

Ist unser Kind unheilbar krank?

Er wurde sehr geliebt und war für uns und insbesondere auch für seine Großeltern väterlicherseits als erster Enkel der Star im All. Da er einen recht großen Nahrungsbedarf hatte, fütterte ich bald zu und stellte seine Nahrung dann langsam auf Gemüse- und Obstbreie um. Ich achte immer sehr auf die Qualität der Nahrung und wollte als junge Mutter natürlich nichts falsch machen.

Dazu gehörten auch die frühkindlichen Vorsorgeuntersuchungen, denen wir als Eltern sogar immer gemeinsam beiwohnten, um nichts zu verpassen. In meiner Ahnungslosigkeit ließ ich mich sogar darauf ein, ihn mit dem Verdacht auf einen Wasserkopf einer speziellen Untersuchung zu unterziehen. Mit gesundem Menschenverstand hätte ich selber diagnostizieren können, dass mein Kind mit diesen wachen und ausdruckstarken Augen und der unglaublich fidelen Ausstrahlung tatsächlich nicht an einem Hydrocephalus litt. Es war dann tatsächlich alles in Ordnung, was Eltern doch immer ein sehr gutes Gefühl gibt. Meiner Erfahrung nach neigen Kristallkinder tatsächlich eher zu großen Köpfen.

So waren wir alle sehr glücklich und zufrieden mit der neuen Familiensituation. Das Leben fühlte sich mit ihm tatsächlich so viel kompletter an.

So hielt unser liebenswürdiger Kinderarzt es für angemessen, ihn nach sechs Monaten das erste Mal zu impfen, eine sog. Sechsfach-Impfung. Mir graute davor, dass ihm mit so einer dicken Spritze in die Haut gestochen werden sollte, und er hat auch sehr geschrien. Mein Vertrauen in diesen Vorgang war zu diesem Zeitpunkt jedoch so groß, dass ich es in Kauf nahm und meinen kleinen Mann danach inniglich tröstete. Einige Kinder entwickeln Fieber nach so einem Eingriff, das hatte ich gelesen, und so war es bei meinem Kind denn auch. Beunruhigt war ich allerdings, als auch noch seine Augen verklebten und sich lauter Pickel auf seinen Wangen bildeten. War das auch noch normal? Sie gingen nicht mehr weg, und mein Kind begann sich dort zu kratzen.

Diese Kinder werden mit einer komplett anderen Energie-struktur geboren, sie verstoffwechseln anders. Ich muss an dieser Stelle aussprechen, dass die Sechsfachimpfung für mein halbes Jahr altes Kind wie ein Gift wirkte. In meinen Augen ist die Wahrscheinlichkeit, dass Kinder durch Imp-fungen Schaden nehmen viel höher als ein vermeintlicher Nutzen. Im Internet gibt es etliche Fallberichte anderer be-troffener Kinder.

Wir wurden jäh aus unserem "rosaroten-Plüsch-Eltern-dasein" rausgerissen, denn nun wurden wir unendlich ge-fordert. Der Kinderarzt war für diese Sache mit dem Hau-tausschlag nicht der richtige Spezialist. Eine Ärztin, die sich auf Naturheilverfahren spezialisiert hatte, verschrieb Ringelblumensalbe. Doch die Krankheit nahm ihren Lauf, und in Windeseile hatte sich dieser Hautausschlag auf seinem ganzen kleinen Körper ausgebreitet. Unter dem Sammelbegriff Neurodermitis angesiedelt, wussten wir als-bald, womit wir es zu tun hatten. Zusätzlich verschlechter-te sich seine Atmung. Er entwickelte Asthma. Ein Hautarzt verschrieb eine kortisonhaltige Salbe, und mir wurde schwindelig, als ich mir die Nebenwirkungen durchlas. Ich setzte sie dennoch einige Male ein, denn inzwischen kratzte er sich sein Gesicht regelmäßig blutig. Es gab Tage, da ging es ihm so schlecht, dass ich nicht mehr wusste, wie sein Gesicht aussah. Abends zog ich ihm vor dem Schlafen kleine weiße Handschuhe an, die jeden Morgen blutig waren, genauso wie sein Bettlaken, auf dem er schlief. Er weinte viel, besonders nachts. Doch wenn ich mich neben ihn legte, ihm sanft seinen kleinen Rücken streichelte, beruhigte er sich glücklicherweise. Dann schlief er wieder ein. Auch tagsüber lag er oft auf meinem Bauch, und ich hatte das schöne Gefühl, ihn so wenigstens beruhigen zu können. Doch was diese Kortison Salbe bewirkte, erschütterte mich noch mehr: Für kurze Zeit verminderte sich der Ausschlag und der Juckreiz ging zunächst zurück, um dann jedoch in einem noch heftigeren Maße wiederzukommen.

Ratschlag zum Umgang mit Krankheit bei sensiblen und hochsensiblen Kindern

Wie bereits erwähnt, haben diese hochentwickelten Kinder eine andere Energiestruktur. Umarmungen, Wärme, Gelassenheit und liebevolle Zuwendung wirken bei ihnen bei körperlichen Beschwerden wie Erkältung und Bauchweh schnell. Tatsächlich besitzen diese Kinder gute Selbstheilungskräfte. Achten sie auf eine naturbelassene obst- und gemüsereiche Ernährung, und lassen Sie chemisch veränderte Nahrungsmittel möglichst weg. Sehr gute Erfahrung habe ich mit einer kleinen homöopathischen Hausapotheke gemacht. Tatsächlich umgebe ich meine Kinder morgens auch gerne mit einer goldenen Schutzhülle und überprüfe tagsüber durch „Hinspüren", ob diese noch vorhanden ist. Es ist wichtig, die Kinder mit viel Liebe in die Schule zu entlassen. Davon zehren sie den ganzen Vormittag. Viele Eltern machen dies intuitiv richtig.

(Meine drei Kinder mussten bisher z.B. noch keine Antibiotika einnehmen und hatten auch noch keine Knochenbrüche oder Ähnliches. Meine kleine Tochter fragte mich erst neulich, was eine Apotheke ist.)

Spätestens jetzt waren wir hellwach, irgendwie tat sich hier eine Sackgasse auf, die ihresgleichen suchte. Mein kleiner Junge reagierte auf viele Dinge allergisch. Da lag es natürlich nahe, sich auf die Lebensmittel zu konzentrieren, die er zu sich nahm. Alle Nahrungsmittel, die irgendwie im Verdacht standen, eine allergische Reaktion hervorzurufen, wurden weggelassen. Zeitweise bekam er zu seiner hyperallogenen Ausgangsmilch lediglich Reiswaffeln zu essen. Doch auch dies zeigte keine Verbesserung. Die Lösung des Problems lag irgendwie tiefer, in der Seele verborgen.

Ich recherchierte viel im Internet und musste erfahren, dass es viele Kinder mit der Diagnose Neurodermitis gibt, und dazu sehr viele traurige Leidensgeschichten. Gibt es da nicht auch Menschen, die irgendwie fühlen, was hier im Ungleichgewicht ist? Um es auf den Punkt zu bringen, kann ich nur resümieren, dass das, was wir Menschen als herkömmliche Medikamente für schwere Neurodermitis auf den Markt gebracht haben, in die Rubrik Pleiten, Pech und Pannen gehört. Da war einfach nichts mehr zu holen, eine sehr offensichtliche Endstation. Der kleine Mann litt weiterhin und mit ihm seine ganze Familie. Wir liebten ihn über alle Maßen, und unser größter Wunsch war es, ihm zu helfen! So einen kleinen Menschen derart leiden zu sehen, ist einfach herzzerreißend. Längere Autofahrten waren gar nichts für ihn, meistens bekam er währenddessen eine Juckattacke und kratzte sich blutig, was inzwischen auch trotz der Handschühchen erfolgte.

Die nächste Station war dann eine Ärztin mit anthroposophischer Ausrichtung bei uns um die Ecke, die wirklich sehr einfühlsam und freundlich war. Nach einer einstündigen Anamnese verschrieb sie uns dann homöopathische Kügelchen, die er einzunehmen hatte. Es tat sich über Wochen keine Verbesserung des Hautbildes auf, was mich im Grunde nicht allzu sehr verwunderte, denn mein Gefühl sagte mir, dass diese analytische Vorgehensweise für uns eben nicht das Richtige ist.

Natürlich verbrachten wir auch Zeit an der Nordsee mit ihm, was tatsächlich sein Hautbild zunächst verbesserte. Wieder zu Hause angekommen, verschlechterte sich sein Zustand dann allerdings wieder. Ich bewunderte ihn sehr, denn trotz seines verkrusteten Gesichts verlernte er nicht zu lachen oder zu spielen. Er nahm das Ganze irgendwie hin. Er entwickelte sich ansonsten ganz normal, wobei auffiel, dass er ein ausgeprägtes sprachliches Talent hatte. Mit einem halben Jahr rutschte ihm das erste Mal das

Wort Auto heraus, und sein Lieblingsbuch mit einem Jahr war ein Insektenführer. Er erkannte bald sämtliche Tiere dieses Buches und kannte ihre deutschen und lateinischen Namen. Er ist bis heute ein unglaublicher Tierliebhaber. Als er neulich als Elfjähriger einige Runden durch unseren Garten lief und dabei eine Schnecke aus Versehen zertrat, weinte er, was ich nicht oft bei ihm erlebe. Vegetarisch und zum Teil vegan zu leben, ist für uns inzwischen selbstverständlich.

Ratschlag zum Umgang mit der Natur

Beginnen Sie sobald wie möglich mit Spaziergängen in der Natur. Lassen Sie Ihr Kind so viel wie möglich mit Wasser und Sand in Berührung kommen. Meine Kinder konnten z.B. stundenlang mit Steinen spielen. Lassen Sie keine Möglichkeit aus, sie Tiere streicheln zu lassen und holen Sie sich Tiere ins Haus. Die Verbindung mit der Natur ist in jeder Form ein Muss, stärkt Selbstvertrauen und das Immunsystem!

Der nächste Rettungsanker, die große Hoffnung am Horizont, war für uns junge Eltern ein Homöopath aus Süddeutschland, der sich auf Neurodermitis bei Kindern spezialisiert hatte. Er hatte ein Buch mit Fallbeispielen herausgebracht, das sich alsbald in meinem Besitz befand, in dem ich voller Hoffnungen blätterte und über Heilungserfolge begeistert war. Da fuhren wir drei nun hin. Er sah sich unser Kind entsetzt an und ernüchterte mich mit den Worten, dass vielleicht in der Pubertät eine Wendung eintreffen könnte. Wir sollten gegebenenfalls bis dahin durchhalten. Wie bitte? Das war nicht sein Ernst! Im Übrigen solle er sich eben daran gewöhnen, und ich sollte ihn nachts halt durchschreien lassen. Er müsse sich mit seiner Krankheit selber auseinandersetzen, sich daran gewöhnen. Genau eine Nacht, in der wir bei meinem Bruder übernachteten, bevor es wieder Richtung Heimat ging, konnte ich dieser Anweisung folgen. Wir kamen alle zu dem Ergebnis, dass das nicht die Lösung sein könnte. Nach einigen Tagen kamen die von dem besagten Homöopath und seinem Computerprogramm ermittelten Globuli, die ich wie heilige Wunderkugeln in meinen Händen hielt, zusammen mit einem saftigen Honorar. Ich verabreichte sie direkt meinem Söhnchen, beobachtete mit Argusaugen jegliche Veränderungen und musste dann doch feststellen, dass sein Körper auch auf diese neuerliche Medikation nicht in gewünschter Weise reagierte.

Wie kann ich wissen, was für mich bzw. in der Situation gut ist? Grundsätzlich gilt: Alles, was Sie fröhlich stimmt, ist gut für Sie und was Sie traurig macht, eben nicht. Folgen Sie diesem fröhlichen Pfad immer intensiver und konsequenter. Dabei hilft es natürlich, seine eigenen Gefühle zunächst einmal wahr zu nehmen und sich an ihnen zu orientieren.

Wie oft sprach ich mit lieben Freundinnen über diese Krankheit, wie oft fragte ich sie, ob sie nicht auch fänden, dass es besser geworden sei, und wie oft las ich dann in ihren Augen, dass sie es uns von Herzen wünschten, es aber unterm Strich ein sehr heftiger, schmerzhafter und entstellender Ausschlag war und blieb.

Dass ich sein Leid und Erscheinungsbild nicht schönreden konnte, wurde mir besonders dann klar, wenn ich mit ihm spazieren ging. Einmal hörte ich ein Kind zu seiner Mutter sagen: "Mama, schlägt die Frau ihr Kind?". Viele Menschen schauten ihn erschrocken und erstarrt an, schauten betreten weg oder gaben mir unzählige Ratschläge. Mir wurden die unterschiedlichsten Cremes empfohlen, wobei mir inzwischen klar war, dass eine Heilung irgendwie von innen heraus erfolgen musste.

Ich bin in einigen Angelegenheiten an Hartnäckigkeit nicht zu überbieten. Das Gefühl, dass ihm zu helfen ist, kam immer wieder, auch nach jedem neuen Versuch, an dessen Ende immer wieder eine derbe Enttäuschung stand. Ich vertraute ins Leben. Ja, irgendetwas gab es da doch noch. Es gab doch immer wieder Berichte von Menschen, die wieder gesund wurden und scheinbar aussichtslosen Situationen entkommen sind. Da gab es doch diese besonderen Menschen, die heilten, was sich dann kein Mensch wirklich erklären konnte. War meine Mutter nicht auch einmal mit meinem jüngsten Bruder bei einer Dame, die geistesabwesend und zigarettenrauchend über seine Augen gestrichen haben soll, mit dem Erfolg, dass seine Sehkraft, auch für einen Augenarzt in verblüffender Weise, wieder zunahm? Unser Horizont weitete sich zunehmend, wir waren für alles bereit, was natürlich auch mit dem Leidensdruck unseres Kindes einherging. Gut, dann sollte es so sein. Auch auf der Suche nach Menschen mit übernatürlichen Superkräften war mir das Internet behilflich, aber nichts erschien mir auf Anhieb so vertrauenswürdig, dass ich mich nun auch wirklich an jemanden wenden wollte. Dann kam dieser Augenblick, in dem ich am Telefon eine Stimme hörte, und ich sofort wusste, dass diese Person genau die Frau mit Superkräften ist, nach der ich suchte. Es gibt diese Augenblicke. In ihrer Stimme war kein Moment des Zweifels, Zögerns oder Unsicherheit zu spüren. Vielmehr kam eine Herzenswärme und echte Anteilnahme rüber, die mich wieder Mut schöpfen ließen. Woher kam nun diese geheimnisvolle Frau mit dieser vielversprechenden Stimme? Eine Freundin meiner Mutter, die schon längere Zeit aufgrund eigener Leiden alternative Wege ging, wusste von einer Frau, die eben homöopathisch und medial arbeitete. Da kommt nun einiges zusammen, eine Schnittstelle in diesem Buch und natürlich auch in unserem Leben, an der einiges erklärt werden muss, da das Auftreten dieser Frau eben wirklich eine neue Dimension in unserem Bewusstsein und unserem Leben öffnete. Zum einen muss erklärt werden, dass diese besonderen Kinder, diese sogenannten Kristallkinder, dafür bekannt sind, dass sie Eltern dazu bringen, neue Erfahrungen zu machen und andere Welten kennen zu lernen. Ich hoffe, dass es mir in meinen bisherigen Schilderungen gelungen ist zu zeigen, dass die ganze Geschichte um seine Krankheit wie die Besteigung eines Berges war. Wir mussten irgendwie immer weiter, die Luft wurde immer dünner, aber eben auch immer klarer. Dieser Weg hatte etwas Zwangsläufiges. Immer wieder stand ich in einer Sackgasse und musste einen neuen Weg nehmen, der jedoch immer weiter führte. Kristallkinder machen so etwas mit ihren Eltern, sie erweitern ihr Bewusstsein und haben dabei ein unerschütterliches Vertrauen, dass ihre Eltern die Zeichen der Zeit erkennen. Und sie suchen sich Eltern aus, die meist schon recht spirituell sind und nur daran erinnert werden müssen. Unser Sohn hat uns sozusagen indirekt immer weiter geschoben, ihm zu helfen, um dann auf dieser Bergspitze, wo die Luft nun wirklich sehr dünn geworden war, jemanden zu treffen, der uns diese ganze Strapaze des Aufstiegs durch eine wunderschöne Aussicht belohnte. Für uns war es die Aussicht, dass unserem Kind jetzt wirklich geholfen wird. Der andere Part der Schnittstelle war also eine mediale Persönlichkeit, die uns aus unserem irdischen Dilemma half, und der wir jetzt begegnen durften. Ich möchte jetzt möglichst einfühlsam erklären, was es bedeutet, medial zu sein. Mediale Personen haben das zweite Gesicht, also Wahrnehmungen, die ein sog. "normaler" Mensch nicht hat. Um es kurz zu machen, sie unterhalten sich mit Wesen, die ein Mensch normalerweise nicht sieht. Dies sind Naturwesen wie Elfen, Riesen und auch Zwerge und mächtige kraftvolle Engel. Fest steht, dass wir viele Dinge nicht sehen können, aber dennoch spüren wir, dass es sie gibt. Gedanken und Gefühle sind Beispiele hierfür oder auch Radiowellen, Handywellen u.ä.. Es erfordert viel von unserer Vorstellungskraft, dies zu akzeptieren und ich mag niemanden verurteilen, wenn er dies nicht tut. Dennoch hat es für mich auch etwas sehr Beruhigendes und Hoffnung weckendes, dass es noch andere Wesen als uns Menschen gibt, die sich, womit auch immer, auskennen. Helga brauchte unser Kind nicht zu sehen, zugegebener Weise hat sie ihn auch bis heute nicht gesehen, um zu wissen, was ihm hilft. Wir waren jetzt nach diesem Leidensweg und unterschiedlichsten Erfahrungen mehr als bereit, uns dieser Welt zu öffnen. Für mich persönlich war das auch wirklich nur der Anfang meiner persönlichen spirituellen Bewusstwerdung. Andererseits gingen wir nun auch wirklich keinerlei Risiko ein, denn mehr, als dass nichts passierte, konnte ja nicht geschehen. So gab Helga mir recht schnell am Telefon durch, was ich ihm an Globuli geben sollte und schon war das Gespräch beendet. Sie stellte uns einen Therapieplan zusammen, der etwas später eintraf und viele unterschiedliche Kügelchen beinhaltete, die sie direkt mitschickte.

Noch am Abend des Telefongespräches flitzten wir in die Apotheke, um die ersten Globuli zu besorgen. Wir waren dort Dauergäste. Nun durften wir das Wunder mit eigenen Augen anschauen. Er war wirklich von allen konsultierten Ärzten aufgegeben worden, keiner hatte uns wirklich Mut machen können, dass er dieses heftige Leiden irgendwann einmal loswerden würde. Dies war eine unglaublich belastende Situation.

Ratgeber: Für jedes Problem gibt es tatsächlich immer eine Lösung

„Geht nicht", gibt es tatsächlich nicht. Egal wie ausweglos Ihnen manchmal eine Situation erscheinen mag, seien Sie sich gewiss, dass es eine Lösung gibt. Zugegeben, ein Problem kann sehr erdrückend sein und der Weg zur Lösung steil und anstrengend erscheinen, doch seien Sie sich auch gewiss, dass gerade bei schwerwiegenden Problemen auch die Hilfestellungen entsprechend groß sind. Sie können alles schaffen; immer weiter gehen!

Natürlich war mir bereits durch den Kopf gegangen, wie wohl die Kinder im Kindergarten später auf mein Kind reagieren würden. Würde er gehänselt werden? Kinder sind nun mal sehr ehrlich und direkt. Auch ich war nervlich durch die Situation sehr angekratzt, da ich jede Nacht ein bis zwei Stunden neben ihm lag, um ihn in den Schlaf zu streicheln. Die Großeltern fühlten sich natürlich auch unglaublich hilflos. Sein Opa dichtete ihm zu seinem ersten Geburtstag ein wundervolles Lied, dann schaute er ihn traurig an und sagte: „Du kleiner armer Kerl." Ich deckte all seine blutigen Stellen an diesem Tag mit Zinksalbe ab, die etwas beruhigte, und so wurde es eine ganz schöne Feier mit lauter kleinen Freunden und Freundinnen.

Der erste sichtbare Erfolg war dann, dass er nach zwei Wochen aufhörte sich nachts zu kratzen und durchschlief, wir bekamen also alle wieder ausreichend Schlaf. Das war ein wundervolles Geschenk, denn ich hänge an meinem Schlaf, und unser Kind war tagsüber bereits ausgeglichener, die Kratzattacken wurden weniger. Ich hatte längst bemerkt und für uns entschieden, dass dies nun der richtige Weg für ihn ist. Wie sensibel er in dieser Zeit auf Nahrungsmittel reagierte, zeigte sich, als er ein Stück eines rosafarbenen Marzipanschweinchens verzehrte und seine

Lippe begann anzuschwellen. Ich hätte es bis dahin nicht für möglich gehalten, dass eine Lippe so gigantisch anschwellen kann. Das ganze Kind bestand irgendwie nur noch aus Lippe. Ich rief Helga an, die zum Glück zu sprechen war und uns mitteilte, was zu tun war. Leider hatten wir das empfohlene Mittel noch nicht in unserer Hausapotheke und so kam mein Sohn mit dem Rettungswagen schleunigst ins Krankenhaus, da zu befürchten war, dass auch seine Atemwege zuschwellen würden. Glücklicherweise konnte ihm in dieser Angelegenheit spontan geholfen werden. Dafür waren wir wirklich sehr dankbar! Nun baute sich allerdings eine Ärztin vor mir auf und machte mich bezüglich seiner chronischen Neurodermitis komplett zur Schnecke. Da ist dieser Augenblick, in dem ein Arzt mit der vermeintlichen Macht seiner Stellung versucht aufzuwarten, um einen Menschen von etwas zu überzeugen oder gar zu zwingen seine Ansichten und Empfehlungen zu übernehmen. Diese Ärztin selbst und ein Teil ihrer Familie litten bis heute unter Neurodermitis, so teilte sie uns mit, damit sei nicht zu spaßen und mein Kind gehöre in eine Klinik. Wenn sie gekonnt hätte, hätte sie ihn mir weggenommen. Wie sollte ich nun dieser zornigen Person begegnen, die nun versuchte mit ihrer ganzen fachlichen Kompetenz zu beeindrucken? Einerseits hatte ich mit ansehen müssen, wie seine Haut auf das Allheilmittel Kortison reagierte. Es unterdrückt die Krankheit, von Heilung kann keine Rede sein, um dann die Haut bei meinem Kind noch mehr zum Blühen zu bringen. Zum anderen bin ich glücklicherweise auch ausgebildete Biologin, hab an einer Medizinischen Hochschule gearbeitet, und habe daher einiges von ihrer Ausbildung mitbekommen. Schlussendlich will ich dazu lediglich anmerken, dass es sicherlich ganzheitlichere Ansätze gibt, um einen Menschen wirklich zu heilen. Dann machte es mich zugegebenermaßen äußerst stutzig, dass sie bis heute unter Neurodermitis litt. Das hatte ich für mein Kind nicht vor! Kurzum war ich mir sicher, dass unser Kind nicht mehr für irgendwelche dubiosen Medikationen zur Verfügung stand. Glasklar war mir, dass er bei uns bleiben musste. In solchen Augenblicken spüre ich mein Herz sehr deutlich, es übernimmt förmlich die Führung. Ich sah mein Kind einsam in solch einer Kinderklinik liegen, und was ich von herkömmlichen Krankenhäusern halte, habe ich ja bereits erwähnt. Selbstsicher machte ich einen Versuch, dieser Ärztin unsere Vorgehensweise zu vermitteln und führte ins Feld, dass wir ihn homöopathisch behandelten und bereits eine Besserung eintrat. Dafür hatte sie nur ein müdes Lächeln übrig.

Zu gerne hätte ich mein Kind dieser Ärztin neun Monate später wieder gezeigt, denn niemand wäre mehr auf die Idee gekommen, dass es mal bis zur Unkenntlichkeit hautkrank war. Ich habe es nicht mehr gemacht, denn es zog mich einfach nichts mehr zu diesem Ort.

Rückblickend war diese Zeit für uns ein großes Abenteuer und eine immense Herausforderung bezüglich des Vertrauens in eine neue und bis dahin unbekannte Welt. Wir sind alle heil davon gekommen bzw. heil geworden. Wir durften ein Wunder erleben, was die göttliche Fügung langsam aber sicher in den Fokus unseres Denkens brachte. Auch für mich als Mutter erwies es sich als eine sehr wertvolle Etappe in meinem Leben, die mich sehr reifen ließ und mich wichtige Erfahrungen lehrte für das, was noch auf mich zukommen sollte.

Mein kleiner Junge bekam nun mehrfach täglich Globuli, und die kaputte Haut regenerierte sich zunächst an den Füßen, dann wurden die Beine besser und einige Stellen am Bauch lichteten sich. So wie sie sich ausgebreitet hatte, zog sich die Hautkrankheit auch wieder wie ein Schleier, der ihm abgenommen wurde, langsam zurück. Sein Asthma wurde ebenfalls besser.

Eine letzte Verzweiflungsattacke überkam mich, als der erste Therapieplan nach ca. drei Monaten vorbei war, und sich in seinem Gesicht bislang nicht wirklich etwas gebessert hatte.

Übung, um dem Glück auch zu vertrauen

Bin ich auf dem richtigen Weg? Hat mich das Glück etwa verlassen? Natürlich nicht. Um Zweifel zu vertreiben, hilft es sehr, sich in lilafarbiges Licht einzuhüllen oder sich eine lilafarbige Flamme um sich herum vorzustellen. Nehmen Sie zusätzlich einen Amethyst zur Hand und lassen Sie ihn erst wieder los, wenn Sie das Gefühl haben, dass Sie wieder sicheren Boden unter Ihren Füßen haben!

Tatsächlich brauchte es einfach noch ein bisschen Zeit und eine andere Zusammensetzung an Kügelchen, um auch den Rest zu heilen.

Ich war unendlich erleichtert und glücklich, als dieser Spuk dann tatsächlich vorbei war, und ich seine zarte Kinderhaut streicheln konnte. Ich hatte auch vermutet, dass Narben zurückbleiben würden, dies war erstaunlicherweise nicht der Fall. Meine tiefste und innerste Überzeugung, dass alles irgendwie zu heilen ist, war bestätigt. Für alles ist ein Kraut gewachsen.

Vielleicht fragen Sie jetzt, warum nicht alle Menschen mit schweren chronischen Leiden zu Menschen mit diesen medialen Kräften gehen, was ja nichts anderes bedeutet, als dass sie Hilfe von Wesen bekommen, die eben nicht im herkömmlichen Sinne weltlich sind, sondern göttlich. Bei einigen Menschen überwiegt die Skepsis derart, dass sie eher das Leiden in Kauf nehmen, als sich außergewöhnlichen Methoden zuzuwenden. Selbst Leute, die seine Genesung unmittelbar verfolgten, zweifelten daran, dass eine Heilerin aus der Ferne ihm geholfen haben könnte. Es ging ihnen einfach nicht in den Kopf, nach dem Motto: „Was ich nicht anfassen kann, das gibt es auch nicht". Andererseits sehe ich die Genesung auch in der Verbindung mit einem Weg der Erkenntnis. Wir mussten einiges leidvoll erfahren und unsere Schlüsse daraus ziehen, um uns schlussendlich der Einzigartigkeit und Besonderheit dieser Hilfe bewusst zu werden. Vielleicht kennt der eine oder andere das Höhlengleichnis von Platon, bei dem sich ein Mensch nur sehr langsam aus den alten Gewohnheiten losreißen kann und sich schrittweise dem Ausgang der Höhle nähert. Was er bisher in der Höhle sah, ist nur ein Abbild und Schatten der ganzen Wahrheit. Stufe für Stufe hat jeder Mensch die Chance, sich selbst ans Licht zu hieven, oder eben zu stagnieren und mit Halbwahrheiten zu leben. Und so bin ich dankbar, für einen Augenblick dieser Höhle entkommen zu sein, und eine mir bis dahin fremde Wahrheit kennengelernt zu haben.

Ein nicht immer ganz so normales Kleinkind

Wie ist zu erkennen, dass ein Kleinkind ein Kristallkind ist?

Helga, die Heilerin der Neurodermitis bei unserem Kind, hatte uns auch mit auf den Weg gegeben, dass er ein Kristallkind sei und damit anders ist als viele andere Kinder. Unabhängig voneinander teilten mir dieses drei weitere Heilerinnen und Heiler mit. Ich betone das Wort anders und nicht besser.

Wie erkennt man ein Kristallkind?

Rein äußerlich fallen sie durch eine sehr ruhige, gelassene und heitere Grundstimmung auf. Sie lassen sich nicht aus der Ruhe bringen, sind unbeirrbar und sehr konstant. Sie folgen ihren ureigenen Werten und Normen und lassen sich nicht „beherrschen". Sie haben eine starke Präsenz und kennen keine Angst. Sie gehen achtsam mit sich selbst um. Sie ziehen sich bisweilen trotz körperlicher Anwesenheit komplett in sich zurück, um sich zu regenerieren. Sie reagieren dann nicht auf Ansprache. Aurasichtige Menschen können ihre kristalline Aura und eine gleißend weiße, leicht bläuliche Farbe erkennen.

Kristall-Kleinkinder haben bereits den gewissen Blick in die Zukunft

Er schaffte es, mich immer wieder zu überraschen. Ich ging mit ihm zu diversen Mutter-Kind-Treffen, um mal heraus zu kommen und andere Gesichter zu sehen. Wir gingen da gerne hin, und wir lernten dort interessante Leute kennen. Eines unserer Mutter-Kind-Treffen war in einer Kirche, hatte allerdings nichts mit einer kirchlichen Veranstaltung im engen Sinne zu tun. Ein Raum mit sehr vielen Spielsachen wurde zu Beginn der Veranstaltung entleert, dann wurden frische Brötchen und Aufschnitt serviert und geredet und erzählt, was das Zeug hergab. Mein Sohn war mit dem Spielzeug und anderen Kindern beschäftigt, und ich liebte es, mich mit anderen Frauen zu treffen und zu quatschen. Er flitzte inzwischen in einem Affenzahn mit seinem kleinen roten Laufrad durch die Gegend, und ich hatte mir inzwischen angewöhnt, auch mit dem Fahrrad zu fahren, um den Knirps nicht aus den Augen zu verlieren. Fahrradfahren ist das Größte! Endlich stand solch ein Kirchentreffen wieder an, und mein Kind erwähnte so ganz beiläufig und doch bestimmt, dass wir heute nicht hin gehen müssen, da keiner dort sei. Da beim letzten Treffen keine Ansage gemacht worden war, dass es am heutigen Tag ausfallen sollte, wusste ich wirklich nicht, woher er das wissen konnte. So traten wir unsere kleine Fahrradtour zu diesem Gemeindehaus an. Dort angekommen, befand sich ein Schild an der Tür, dass das Mutter-Kind-Treffen leider spontan ausfallen müsse.

Ein anderes Mal saßen wir alle am Esstisch, mein damaliger Mann litt unter seinem Job, und wir machten uns Gedanken über eine lebenswertere Alternative. Wir überlegten uns, welche Unternehmen es sonst noch in Hannover gab, bei denen er vielleicht Arbeit finden könnte. Da meldete der Kleine sich kurz und bündig zu Wort, indem er sagte: "Mama wird bald Arbeit finden." Dann wandte er sich wieder seinem Essen zu. So kam es denn auch tatsächlich. Kurze Zeit später erhielt ich unerwarteter Weise ein Jobangebot, und sehr vieles in unserem Leben sollte sich wandeln. Es bot sich plötzlich die für mich heiß ersehnte Möglichkeit, die Stadt wieder verlassen zu können mit der Perspektive, meine Kinder auf dem Land aufwachsen zu sehen.

Und es ist sicherlich eine sehr typische Eigenart aller Kinder, dass sie die Natur lieben. Bei meinem Kind kam hinzu, dass es keine Enge ertrug. Er hatte immer schon eine starke persönliche Präsenz, womit ich sowohl seine körperliche Ausstrahlungskraft, als auch seine Gegenwärtigkeit meine. Er ist z.B. gerne auf großen Plätzen, strahlt Sicherheit aus und kann sich hervorragend orientieren. Er war auch als Kleinkind bereits ohne Probleme durch einen großen Supermarkt gelaufen, um sich an der Brottheke ein Brötchen zu ordern, vorbei an allen anderen Anstehenden.

Meditativer Rückzug bei Kristallkindern

Über das ruhige und meist recht besonnene Verhalten hinaus, verfallen diese Kinder auch in eine Art meditativen Zustand. Ich habe es bei meinem Kind erlebt, dass er sich komplett in sich zurückzieht, wenn er sich in emotional anstrengenden Situationen befindet. Situationen, auf die Menschen normalerweise mit heftigen Gefühlsausbrüchen reagieren. Er schließt dann seine Augen, baut eine sehr kompakte und starke Aura um sich herum auf, um dann nach wenigen Sekunden die Augen wieder zu öffnen. Er ist dann glasklar, ruhig und präsent. In der Phase, als ich schwerkrank war und sich die Situation recht verfahren darstellte, saß er einmal für Minuten mit geschlossenen Augen regungslos im Schneidersitz, mitten auf einem Weg. Ich deute es heute als ein tiefes Gebet.

Junge Kristallkinder haben ein besonderes Körperbewusstsein

Was mir bei meinem Sohn sehr auffiel, war sein Körperbewusstsein. Er war immer sehr um seine körperliche Unversehrtheit bemüht. So krabbelte er wochenlang die Leiter zur Rutsche des Kinderspielplatzes hoch, um ein paar Steine, die er zuvor in seiner Tasche hochtransportiert hatte, herunter rollen zu lassen. Dann kletterte er die Leiter herunter. Er beobachtete sehr genau, wie die Steine die Rutsche runterkullerten. Ich fragte ihn oft, ob er nicht auch einmal rutschen wollte, aber irgendwie war er mit dem Ergebnis seines Experiments noch nicht ganz zufrieden. Ließ sich die Unversehrtheit der Steine am Fuße der Rutsche nun tatsächlich auf den Menschen und dessen eigenen Rutschvorgang übertragen? Irgendwann merkte ich ihm seine große Anspannung an, als er soweit war, sich selbst zu trauen, das Wagnis des Rutschens in Angriff zu nehmen. Es ging gut und er war so erleichtert, sich endlich getraut zu haben. Ähnliche Versuchsreihen machte er auch, bevor er anfing zu laufen. Er vertraute dem aufrechten Gang nicht so richtig. Er hielt sich aufrecht stehend an einem Gegenstand fest, ließ wieder einen kleinen Augenblick los, um sich dann wieder fest zu halten und das über Wochen. Die Intervalle des freien Stehens wurden dabei immer länger. Es war unendlich süß und spannend mit anzusehen.

Ratschlag zum Umgang mit spielenden Kristallkindern

Lassen Sie Ihrem Kind alle Zeit der Welt, um sich selbständig zu entwickeln. Es erschüttert es zutiefst, wenn Sie versuchen, es zu etwas zu zwingen. Genießen Sie es, wie es selbständig die Welt erobert. Diese Kinder können auch manchmal etwas apathisch wirken, dann sind sie komplett bei sich und tanken auf. Manchmal schließen sie dabei auch ihre Augen und wirken wie verschwunden. Das ist ihre wundervolle angeborene Fähigkeit, der Welt für paar Minuten den Rücken zuzukehren. Am besten machen Sie einfach mit.

Kristallkinder haben viel Energie

Meine Erfahrung mit dem Schlafbedürfnis entwickelter Kinder ist, dass sie nach kurzer Zeit(bei meinen Kindern war es jeweils nach einem Lebensjahr) keinen Mittagsschlaf mehr brauchen. Sie zeichnen sich dadurch aus, dass sie auch ansonsten tagsüber vor Energie nur so strotzen. Sie sind an allen Dingen unglaublich interessiert und neugierig. Da kann es schon mal passieren, dass man sich als Mutter wie die uralte Morla fühlt. Machen Sie sich keine Sorgen, Ihre Kinder halten Sie auf Trab. Schon aus diesem Grunde macht es Sinn, viel Spiel- und Gartenfläche zu Verfügung zu haben bzw. den Stadtpark zum zweiten Zuhause zu machen. Tun Sie sich den Gefallen, um auch mal wieder gemütlich einen Tee trinken zu können. Es empfiehlt sich auch sehr, Kinder in Sportvereinen anzumelden, ihnen beizubringen, wie sie auch körperlich Ausgleich erreichen (Fahrradfahren, Fußball, Schwimmen, Tanzen, Reiten...),damit sie lernen mit ihren starken Energien umzugehen. Ins Bett gehen meine Kinder tatsächlich jeweils mit mindestens zehn Büchern unterm Arm. Sie lesen sie gleichzeitig, quer, schauen sich die Bilder an. Ein System habe ich dahinter bis heute nicht erkannt. Meine

Erfahrung ist, dass wenn sie einmal eingeschlafen sind, sie auch wundervoll durchschlafen.

Heilende Worte und Hände kleiner Kristallkinder

Kristallkinder können bereits in frühen Jahren abstrakte Begriffe richtig einsetzen. Inzwischen war der kleine Bruder geboren, und es sollte so gar nicht mit dem Stillen klappen. Darüber war ich tatsächlich ziemlich traurig, und ich besprach die weitere Vorgehensweise mit meiner Hebamme. Es lief wohl alles darauf hinaus, dass ich abstillen musste und er das Fläschchen bekommen sollte, denn er war einfach nicht interessiert genug an Nahrung, um kräftig an der Brust zu saugen. Nahrung ist für meinen zweiten Sohn bis heute ziemlich uninteressant, und wenn ich ihn nicht zu den Mahlzeiten riefe und bitte, endlich zu Tisch zu kommen, würden etliche Mahlzeiten einfach ausfallen. Jedenfalls bekam mein großer Junge meine echte Traurigkeit darüber mit und sagte mir wenige Worte, die mich wirklich umhauten. Er war nun gute zwei Jahre alt und sagte zu mir: "Mama, hör' bitte auf zu weinen, das ist doch nicht deine Schuld." Ich hörte augenblicklich auf zu weinen und machte mir seine Worte klar. Er hatte natürlich vollkommen Recht, denn ausschließlich Schuldgefühle waren es, die mich plagten, mein Kind nicht mit Muttermilch ernähren zu können, weshalb ich mich so elend fühlte. Diese Aussage hallte bei mir lange Zeit nach, und ich frage mich immer noch, woher er den Ausdruck „Schuld" kannte und ihn zudem richtig gebrauchte.

Intuitiv nutzen diese Kinder auch die Kraft ihrer heilenden Hände. Exemplarisch hierfür ist folgender Vorfall: Ich hatte mir die Metallpforte unseres Gartentors in die Hacken gerammt, was sehr schmerzhaft war. Dies hat er mitbekommen, ist sofort zu mir gerannt, um mir seine Hände auf die schmerzende Stelle zu legen. Der Schmerz ließ tatsächlich umgehend nach!

Kristallkinder lieben Klarheit

Lügen Sie ihr Kristallkind nicht an, spielen Sie nicht irgendwelche "Spielchen". Ihr Kind durchschaut Sie sofort. Sie werden sehr schnell an Respekt verlieren. Ich habe bei meinem Kind erlebt, dass er Klarheit selbst einfordert. Nachdem ich mich vor einem Schwimmbadbesuch über sein Verhalten geärgert hatte, und ich ihm zunächst verboten hatte, am Schwimmen teilzunehmen, hob ich das Verbot im Schwimmbad wieder auf, da ich ihn ja nicht beaufsichtigen konnte. Mit den Worten: „Mama, wenn du mir etwas verbietest, denn musst du es auch durchhalten", blieb er den ganzen Schwimmbadbesuch draußen sitzen und wartete geduldig auf unsere Rückkehr. Die Kinder fordern Konsequenz. Zeigen Sie dem Kind, dass sie stark genug sind, Grenzen zu setzen und diese auch einzuhalten. Dieses konsequente Verhalten bietet den Kindern Geborgenheit und Klarheit. Tatsächlich ist es so, dass diese Kinder über ein großes Maß an Selbstrespekt verfügen. Sie kommen gut mit anderen Menschen klar, die ebenfalls gelernt haben, sich selbst zu respektieren, über ein gesundes Selbstwertgefühl verfügen. Mit konventionellen Dingen, wie eine besondere gesellschaftliche Stellung oder einen gutbezahlten Job, können sie diese Kinder nicht beeindrucken, es ist eher die innere Größe. In seltenen Situationen kann es auch nötig sein, die Kinder sehr fest zu halten, auch über einen längeren Zeitraum, natürlich ohne jegliche Aggression.

Ein strukturierter Tagesablauf, der Ruhezeiten berücksichtigt, Rituale, feste und sinnvolle Regeln sind etwas, was Kristallkinder sehr mögen. Falls Sie gerne reisen, lassen Sie dem Kind immer Zeit, sich zunächst an die neue Umgebung zu gewöhnen. Aufgrund ihrer intensiven Wahrnehmungsfähigkeit, dauert es eine gewisse Zeit, bis sie woanders angekommen sind und sich wohl fühlen. Zu schnelle aufeinanderfolgende Ortswechsel bekommen diesen Kindern gar nicht. Wenn es denn angekommen ist, erfüllen diese Kinder die neue Umgebung mit ihrer Präsenz. Sie strahlen dann ihre typische Ruhe und Geborgenheit aus.

Die Kindergartenzeit war eher so ein Flop. Ist mein Kind aggressiv?

Liebe mich, wenn ich es am wenigsten verdiene, denn dann habe ich es am nötigsten.

Was ich allen Eltern mit auf den Weg geben möchte, ist, dass sie nie aufhören sollen, zu ihrem Kind zu stehen. Egal, was kommt und egal, wie schwer die Zeiten sein mögen, schließlich sind es manchmal nur noch die eigenen Eltern, die dem Kind durch bedingungslose Liebe Mut machen können. Eigentlich dachte ich diese Lektion mit seiner Hilfe bereits gelernt zu haben, aber ich lernte dieses Sichbehaupten noch einmal aus einer anderen Perspektive kennen. In der Zwischenzeit war vieles passiert. Wir waren tatsächlich aufs Land gezogen, und ich hatte wieder begonnen zu arbeiten. Mein Großer bekam kurzfristig einen Kindergartenplatz. Ich freute mich für ihn, dass er jetzt soviel Zeit mit anderen Kindern verbringen konnte. Ich verstand mich zunächst gut mit dem Kindergartenpersonal. Dies war etwa zwei Jahre lang der Fall, bis mein Kind für sie schwierig wurde. Während dieser Zeit kam meine kleine Tochter zur Welt, und ich trug eine sehr bedrohliche Krankheit aus. Sie hatte einen schweren Verlauf, brachte viele Erkenntnisse, Erfahrungen und Fähigkeiten mit sich, über die ich ein eigenes Buch schreiben werde. Ich hatte mich von diesem einschneidenden Ereignis in meinem Leben gerade wieder einigermaßen erholt und auch den Kindergarten bzw. die Leitung vertrauensvoll auf dem Laufenden gehalten, als mein großer Junge so verhaltensauffällig wurde, dass Handlungsbedarf bestand. Er begann anderen gegenüber physisch und psychisch aggressiv zu werden und ignorierte jegliche Regeln, so wurde mir erzählt. Ich kam zu Hause weiterhin mit ihm klar, die Verbindung zwischen uns war sehr stabil. Doch die Vorfälle im Kindergarten beschatteten zusehends auch unser Familienleben, zumal mein Kind meist hochgradig aggressiv aus dem Kindergarten wieder zuhause ankam. Mein damaliger Mann hatte Arbeit in einem weit entfernten Bundesland gefunden und war nur noch an den Wochenenden bei uns, so dass es nun allein auf meinen Schultern lag, diese Situation irgendwie zu klären. Ich entschloss mich, einfach mal einen Vormittag lang zu hospitieren, um herauszufinden, was die Ursache sein könnte. Ich hatte schon eine gewisse Vorahnung, denn eine Kindergärtnerin beklagte sich z.B.

darüber, dass er recht einseitig interessiert sei. Es ginge bei ihm immer nur um Tiere, besonders Insekten. Ich verstand das Problem nicht. Außerdem hätte er ja auch nur einen Freund und sei insgesamt auch recht verschlossen.

Ratschlag, wenn ihr Kind für Erziehende schwierig ist

Nehmen Sie das Recht in Anspruch, Ihr Kind in Kindergarten und in der Schule bei Problemen zu besuchen. Übernehmen Sie ruhig die volle Verantwortung einer/eines Erziehungsberechtigten. Solch ein Besuch kann für alle Beteiligten sehr hilfreich sein.

Während meiner Hospitation fiel mir auf, dass er z.B. ausgebremst wurde, als er im Morgenkreis den vollständigen Text eines Liedes aufsagen wollte, das der Kindergärtnerin nicht mehr einfiel. Er wurde zurechtgewiesen, nicht so vorlaut zu sein.

Den restlichen Tag wurde er sich selbst überlassen, sollte sich bei freiem Spielangebot organisieren. Eigentlich ist das eine gute Idee, für ihn aber in dieser Situation war es nicht das Richtige. Um es auf den Punkt zu bringen, es war ihm unglaublich langweilig, und er wurde zum Sonderling stilisiert. Warum durfte er nicht einfach mal einen

Vortrag über sein ganzes Insektenwissen halten? Weshalb gelang es nicht, ihn für ein Spielangebot zu motivieren? Wurde dieser Versuch überhaupt unternommen? Da er emotional Menschen sehr schnell durchschaut, beklagten sich die betreuenden Kindergärtnerinnen, dass er sie gegenseitig ausspiele und immer wieder Lücken fände, sich den Regeln zu entziehen. Tatsächlich war meine Erfahrung mit ihm, dass er Regeln in dem Moment akzeptiert, wenn er sie nachvollziehen kann. Dieser Schritt ist im Kindergarten nicht gelungen. Er war innerlich in dieser Zeit so angespannt, dass ich zunächst nicht mehr wirklich wusste, was zu tun war. Ich hörte damit auf, ihm Druck zu machen, indem ich jegliche Verurteilung seines Verhaltens einfach lies. Meine Aufgaben sah ich nun darin, zu beobachten, sein Verhalten zu verstehen und ihm den Rücken zu stärken. Ich nahm ihn jeden Morgen ganz bewusst fünf Minuten fest in die Arme und sagte ihm, wie sehr ich ihn liebe. Typisch für alle Kristallkinder, die ich bisher kennenlernen durfte, ist, wie bereits erwähnt, eine ihnen innenwohnende unerschütterliche Ruhe, die sie auch auf andere übertragen können. Selbst wenn um sie herum das Chaos ausbricht, bleiben sie sehr gelassen. Verschonen Sie gerade solch ein Kind möglichst mit jeglicher Hektik, obwohl dies in der heutigen Zeit tatsächlich nicht einfach ist. Doch Ihr Kind wird es Ihnen sehr danken. Gerade deswegen war seine innere Anspannung während dieser Zeit etwas sehr Befremdliches für mich. Ich hatte nun in dieser Zeit großen Rückhalt in meiner Familie. Insbesondere meine Mutter war die Gelassenheit in Person und beruhigte mich, dass es eben sehr anstrengende Phasen mit Kindern geben kann, die gemeinsam mit einer großen Portion Ruhe und Gelassenheit durchstanden werden können. Die Kindergartensituation entwickelte sich nun insoweit unvorteilhaft, dass ein von mir zu Rate gezogener Psychologe nach einmaliger, kurzer Beobachtung meines Kindes dazu riet, ihm ein Medikament zu verabreichen: Ritalin war damals im Gespräch. Doch mein Kind einer Dauermedikation zu unterziehen, ohne die tatsächlichen Ursachen zu klären, kam für mich nicht in Frage. In ihrer Hilflosigkeit machte die Kindergartenleitung schließlich mich dafür verantwortlich, dass er im Kindergarten so verhaltensauffällig geworden war und meldete den Fall dem Jugendamt. Dies war, offen gestanden, ein unglaublich erniedrigender und grauenhafter Vorgang für mich. Mir ging es dadurch wirklich schlecht, mich plagten heftige Selbstzweifel und -vorwürfe.

Übung, um mit Vorwürfen und harscher Kritik umzugehen

Emotionen jeglicher Art, die einem bisweilen den Boden unter den Füßen wegzureißen scheinen, müssen zugelassen werden. Beschäftigen Sie sich unbedingt mit diesen Emotionen, denn sie sind ein direkter Wegweiser zur Seele. Sie offenbaren Seelenwunden, die auf diese Weise auf sich aufmerksam machen und geheilt werden können. Es empfiehlt sich, diese Gefühle "reden" zu lassen, indem Sie diese zulassen, sich diese also in ihrer ganzen Heftigkeit entfalten dürfen, damit sie dann endgültig die Seele verlassen können. Damit verbunden können natürlich auch karmische Situationen als Bilder vor Ihrem geistigen Auge erscheinen. Schauen Sie sich diese Bilder in aller Ruhe an. Falls es Ihrem Wesen entspricht, dann schreiben Sie diese ganzen Gefühle auf und erlauben Sie sich diesen wichtigen Blick hinter die Gefühle. Wenn diese Seelenwunde geklärt ist, benötigen Sie keinen Spiegel mehr im Außen, und die Situation wird sich wie von selbst lösen.

Das offene Gespräch mit zwei sehr aufgeschlossenen Mitarbeiterinnen des Jugendamts sowie einer sehr lieben, zur Hilfe geeilten Freundin gipfelte darin, dass diese mir jegliche Unterstützung zusagten, falls der Kindergarten erneut versuchen sollte, in dieser Weise in mein Privatleben einzugreifen. Nein, das war keine schöne Zeit, und dennoch musste diese Situation geklärt werden. Es gibt sehr sensible Situationen im Leben eines Menschen. Wenn Kinder z.B. in bestimmten schwierigen Situationen nicht festgehalten werden, da das Interesse oder die Kraft hierfür nicht aufgebracht werden, können diese Kinder auch entgleiten.

Ich erkundigte mich bei einer mir bekannten anderen Kindergartenleiterin über die Rechte und Pflichten eines Kindergartens, stieg komplett in die Materie ein und las alles darüber, was ein Kindergarten zu leisten hat. Schließlich hatte ich so viel Fachwissen erworben, dass ich an einem zusammengerufenen Runden Tisch inklusive Vertretern der Gemeinde sowie einer von mir angeforderten zuständigen Vertreterin aus der Landeshauptstadt plausibel darlegen konnte, dass bislang keine erfolgreiche Integration meines Kindes in diesem Kindergarten erfolgt war.

Ratschlag im Umgang mit Autoritäten

Wissen ist Macht. Scheuen Sie sich nicht, sich selbst umfangreiches Wissen zu einem bestimmten Thema anzueignen und sie werden feststellen, dass auch sog. Autoritäten sich irren können.

Seien wir ehrlich: Was war das für ein unglaublicher Kraftakt? Weshalb mussten so viele Menschen bemüht werden, sich mit diesem Fall auseinander zu setzen?

Kristallkinder spiegeln den Menschen um sich herum glasklar ihre eigenen innersten Konflikte und Seelenwunden. Dies geschieht durch ihre bloße Anwesenheit. Wie bereits erwähnt, sprechen sie auch die Gedanken der Erwachsenen aus. Auch das kann sehr unangenehm sein. Einige Menschen entwickeln daher Aggressionen gegen diese Kinder, weil diese ihnen unangenehm erscheinen. Sie „durchleuchten" ihr Gegenüber förmlich, reflektieren diesem Menschen als Kristall ihre eigenen Probleme. Kein Wunder, dass sich also viele Menschen durch sie auch überfordert fühlen. Wenn ein Mensch es nicht gewohnt ist, die Ursachen eines Problems zunächst bei sich selbst zu suchen, es also noch nicht gelernt hat, sich selbst zu reflektieren und zu meditieren, dann wird er im Zweifelsfall stets andere verantwortlich machen und nach Schuldigen suchen.

Übung, um mit der intensiven Spiegelung durch ein Kristallkind umzugehen

Kristallkinder sind von der Grundstimmung her sehr fröhliche Menschen, haben einen Sinn für Humor und keinen Hang zum Dramatisieren. Das Zusammenleben mit ihnen wird umso leichter, je ehrlicher Sie sich fragen, woher Ihre eigenen negativen Gefühle im Umgang mit dem Kind nun tatsächlich kommen. Bringen Sie Geduld mit sich selbst mit, denn diese hochentwickelten Kinder haben eine gewisse Leichtigkeit das Leben zu sehen und zu führen, die nicht von Heute auf Morgen erreicht werden kann. Die Kinder selbst haben natürlich auch ihre Lernaufgaben auf dieser Erde und lernen bestimmte Dinge natürlich auch von uns. Sie werden unterscheiden lernen, wann Ihr Kristallkind Ihnen etwas spiegelt, und wann Sie gefordert sind, dem Kristallkind als Vorbild zu dienen.

Ich brachte mein Kind in dieser Zeit für zehn Einheiten zu einer Gruppen-Ergotherapie mit weiteren sogenannten verhaltensauffälligen Kindern. Mein Sohn ging unglaublich gerne dort hin, und die in meinen Augen sehr begabte Ergotherapeutin bescheinigte mir in einem abschließenden Gespräch, dass er es nun wohl schaffen wird, seine Schüchternheit und Distanz anderen Menschen gegenüber zu überwinden und seine Wünsche in Worte zu fassen. Man merkte, dass sie ihn sehr lieb gewonnen hatte. Ob ihr denn gar nicht aufgefallen sei, dass er oft keine Regeln beachten könne, sprudelte es aus mir heraus, und ob er denn nicht aggressiv den anderen Kindern gegenüber gewesen sei. Sie schaute mich ungläubig an und meinte allen Ernstes, dass dies ja wohl nicht das Problem gewesen sein könnte.

Ratschlag in Krisensituationen

Holen Sie sich Hilfe von anderen Menschen, die sich mit einer bestimmten Thematik gut auskennen und nicht unmittelbar involviert sind. Meine Erfahrung ist, dass Sie immer genau die richtige Person zur Seite gestellt bekommen, die Ihnen immens den Rücken stärkt.

Was war bloß in diesem Kindergarten vor sich gegangen? Was führte zu diesem veränderten Verhalten meines Kindes? Der Streit wurde beigelegt, und diesmal stand uns

auch die Zeit helfend zur Seite, denn seine Kindergartenzeit ging dem Ende zu. Er selbst hat diese ganze Ausei-
nandersetzung zwischen uns Erwachsenen mit sehr viel
Gelassenheit zur Kenntnis genommen. Er hat den Impuls
gegeben, dass sehr viel neu überdacht werden musste,
sich selbst allerdings sehr nüchtern und neutral verhalten.
Gleichzeitig hat er uns allen sehr tiefe und sich bedrohlich
anfühlende Ängste vor Augen geführt. Sowohl die Leiterin
des Kindergartens als auch ich sind mit Vorwürfen konfrontiert worden, die uns bis ins Mark erschüttert haben,
und die wir im Laufe dieses ganzen Verfahrens loslassen
konnten. Ich habe gekämpft wie eine Löwin. Doch um wel-
chen Preis? Zugegebenermaßen wäre der Lebensweg meines Kindes anders verlaufen, wenn ich tatsächlich auf die
Ratschläge gehört hätte (Medikamente in Form von Ritalin
und eine Schule, die nicht seinen Fähigkeiten entsprochen
hätte). Doch fand ich es im Nachhinein sehr schade, mich
mit der Kindergartenleitung in der Weise auseinanderge-
setzt zu haben. Ich habe bis heute nichts persönlich gegen
sie, denn sonst hätte ich sicherlich nicht auch meine beiden anderen Kinder diesen Kindergarten besuchen lassen,
und tatsächlich erfolgte auch wieder eine gewisse freundliche Annäherung. Insgesamt hatte ich in der Folgezeit viel

Ruhe, denn es war schon deutlich geworden, dass es mir wichtig ist, dass ein Kind zunächst einmal ganz viel Respekt und Akzeptanz verdient. Wünschenswert ist es meines Erachtens, das Bewusstsein insbesondere von Kindergartenpersonal dahingehend zu erweitern, dass es zunehmend Kinder gibt, die zwar in jungen Körpern stecken, allerdings außergewöhnliche Wahrnehmungen haben. Es muss ein Rahmen gefunden werden, dass diese Kinder sich mit ihren außergewöhnlichen Fähigkeiten anfreunden dürfen und ernst genommen werden. Es ist z.B. nicht leicht für solch ein Kind zu verstehen, dass vieles, was Erwachsene sagen, nicht dem entspricht, was sie wirklich fühlen. Diese Diskrepanz nehmen sie wahr, genauso wie heftige unausgesprochene Streitigkeiten, andere negative Energien und vieles mehr.

In den folgenden Sommerferien machte mein Sohn sein Seepferdchen-Abzeichen, was sein Selbstbewusstsein sehr stärkte. Der sehr gelassene Bademeister hatte als männliche Bezugsperson einen sehr guten Einfluss auf ihn. Wasser wurde zu seinem Element. Am Ende der Sommerferien war er wie ausgewechselt und startete regulär in die Grundschule. Der Spuk war für mich damals nach dem ersten Elterngespräch mit seiner Klassenlehrerin vorbei. Sie beschrieb ihn als ganz normalen Jungen, der nicht auffällig über die Stränge schlug und eben über gute kognitive Fähigkeiten verfügt. Auf dem Weg nach Hause liefen mir die Tränen der Erleichterung übers Gesicht, ein riesengroßer Stein fiel mir vom Herzen. Schlussendlich verließ er, bekannt geworden als kleiner zerstreuter Professor, mit einer Gymnasialempfehlung die Grundschule. Besonders seine Lehrerin in der 3. und 4. Klasse, die allgemein über sehr viel Empathie verfügte und sich sehr für ihre Schützlinge einsetzte, war fasziniert von ihm, da er so ein unkonventioneller Mensch war, was sich eben auch in seiner Art zu denken bemerkbar machte. Insgesamt war es für mich sehr erfreulich, dass meine Erlebnisse aus der Kindergartenzeit sich nicht in der Grundschule wiederholten.

Geschwisterliebe

Es ist über Kristallkinder zu lesen, dass sie sehr liebevolle Wesen sind. Umso mehr bekümmerte es mich, dass mein Sohn sich zunächst mit seinem jüngeren Bruder überhaupt gar nicht verstand. Ich konnte den Jüngeren nicht mit ihm in einem Raum lassen, ohne dass zwischen ihnen nach einer gewissen Zeit Streit ausbrach. Zwischen den beiden herrschte so viel negative Energie, was mich wirklich nachdenklich stimmte. Warum griff er seinen Bruder an? Er hatte ihm wirklich überhaupt gar nichts getan! Diese heftige Reaktion der beiden aufeinander war sehr vielschichtig. Tatsächlich hatte er als Erstgeborener eine ganz besondere Stellung und musste nun akzeptieren, dass es da noch einen Zweiten gab. Als ich später selbst mein heilerisches Potential entfaltete, sah ich mehrere Leben, in denen die beiden sich immer wieder als starke Konkurrenten begegnet sind, so dass die beiden sich eben auch sehr viel spiegelten und als Kinder keinen anderen Weg sahen, als dies kämpferisch auszufechten. Ich löste viele dieser alten Bande auf, und das Verhältnis wurde langsam besser und besser. Und die Brüder lernten allmählich, ihre Probleme verbal zu lösen.

Hinzu kommt, dass der Zweite vom Temperament her viel zurückhaltender und sanfter ist. Er konnte als Kleinkind nicht sonderlich gut für seine eigenen Interessen einstehen. Wenn wir Liebe so verstehen, dass sie eben manchmal sehr unkonventionelle Wege geht, dann haben sie sich gegenseitig auf diesem Wege auch einen Gefallen getan. Der Ältere hat gelernt, dass die Sanftmut und Fürsorge des Jüngeren durchaus zum Ziel führen kann und bei anderen Kindern auch sehr gut ankommt, wohingegen der Jüngere lernte, seine eigenen Bedürfnisse auszudrücken, sich verbal zu verteidigen und nein zu sagen. Wenn ich sie heute mit elf und neun Jahren zusammen Fußball spielen sehe, dann frage ich mich manchmal, ob es wirklich so war, dass einmal Hass zwischen ihnen herrschte.

Ratschlag im Umgang mit zerstrittenen Geschwistern

Gehen Sie unbedingt der Sache auf den Grund. Ein Streit kann recht vielschichtig sein: Neben karmischen negativen Banden zwischen ihnen, können sie ggf. auch unterschwellige Streitthemen der Eltern miteinander ausbaden. Hier ist eine Familienaufstellung sicherlich sinnvoll. Geben Sie ihnen auch den Freiraum, aneinander zu reifen und geben sie beiden das Gefühl, sie bedingungslos zu lieben.

Nachwort

Wie verändern Kristallkinder und andere hochentwickelte Kinder die Welt? Auf den Punkt gebracht: Weil sie so sind wie sie sind. Allein ihre Energie, ihr Licht bzw. Ausstrahlung versetzt andere Menschen in Schwingungen, einen bestimmten Zustand, so dass diese mit ihren unbearbeiteten Problemen in einem erhöhten Maß konfrontiert werden. Hinzu kommt ihre Beharrlichkeit und Konstanz; sie lassen sich nicht formen, um den Ansprüchen anderer Menschen zu entsprechen. Ihre Klarheit ist beeindruckend und regt andere dazu an, ihrem Vorbild auch bewusst zu folgen. So erfolgt der Vorgang der Veränderung in vielen kleinen Schritten.

Was ich bislang mit meinem Kind erlebte, weist darauf hin, dass er tatsächlich wie eine kleine Naturgewalt mit einem gewaltigen Donnern falsche und unechte Strukturen aufdeckt und zum Wanken bringt. Er selbst lügt nicht und steht umgehend zu seinen - wenn auch nicht immer ruhmreichen - Taten. Dies kleine Buch über mein Kristallkind soll Ihnen Hoffnung machen und Sie darauf vorbereiten, dass sie besonders durch diese Kinder dazu gedrängt werden, Ihren Horizont extrem zu erweitern. Ein Kristallkind wird Ihnen auf seine Weise beibringen, selbstbewusst zu werden und sich durchzusetzen, herkömmliche Verhaltensmuster zu überdenken, neue Wege einzuschlagen und nicht vor vermeintlichen Autoritäten, die meinen, Weisheit zu besitzen, zurück zu schrecken. Vielmehr werden Sie mit Hilfe dieses Kindes erkennen, dass tatsächlich nur Ihre

eigene Intuition und Ihr Herz Ihnen wirklich helfen können, schwierige Situationen erfolgreich zu meistern und
Ihren Weg zu finden. Viel Freude auch weiterhin mit und
an Ihrem wundervollen Kind! Und lassen Sie sich nicht
davon abbringen, auch wenn sie es mal wieder „krachen
lassen".

Notizen & eigene Gedanken